Vol 4

MAZE

FOR KIDS

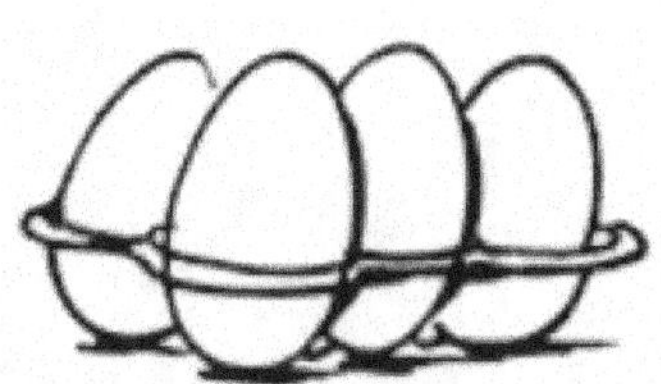

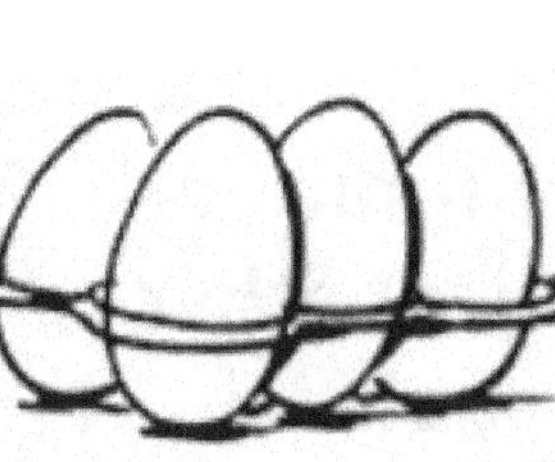

MAZE BOOK

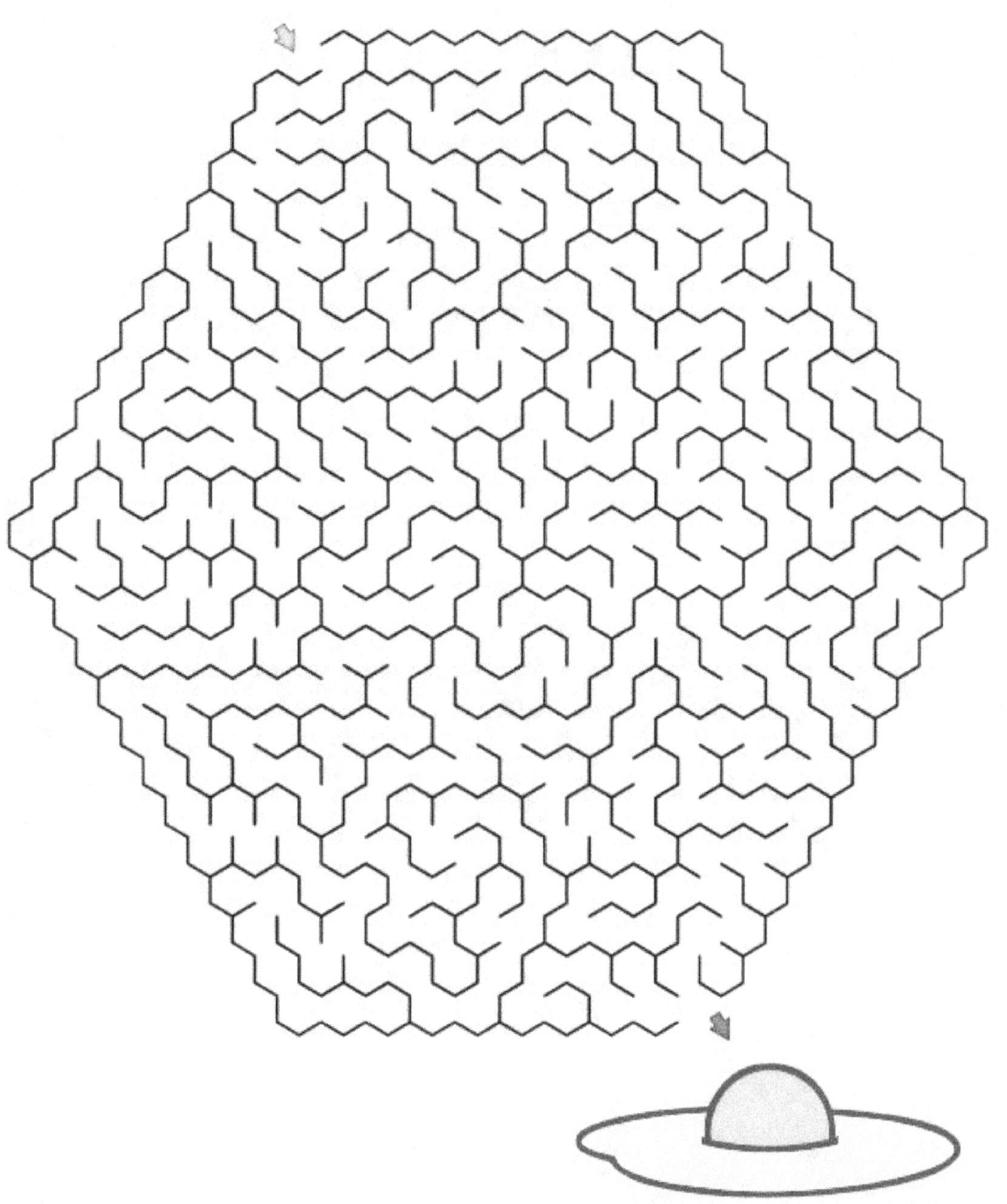

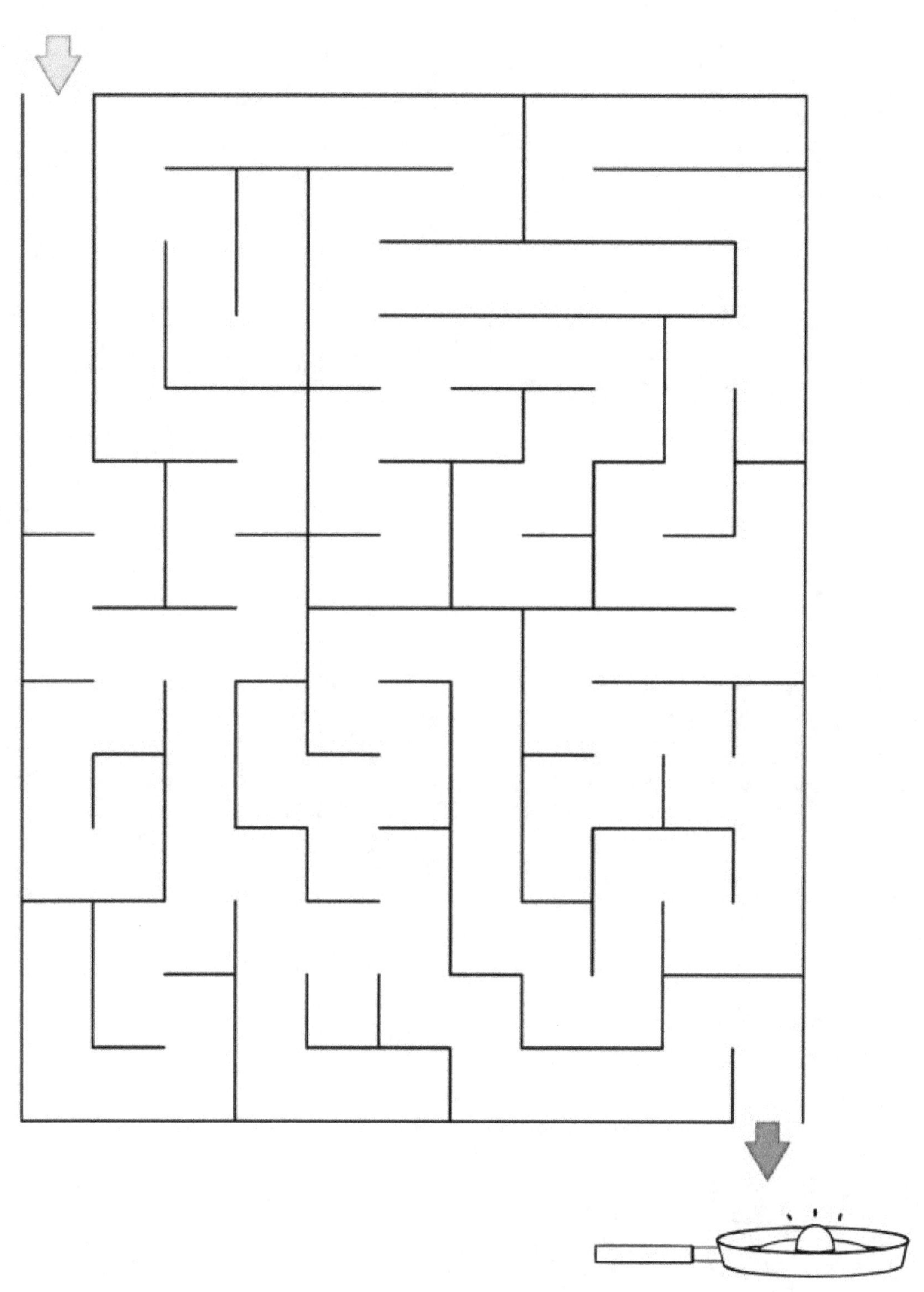

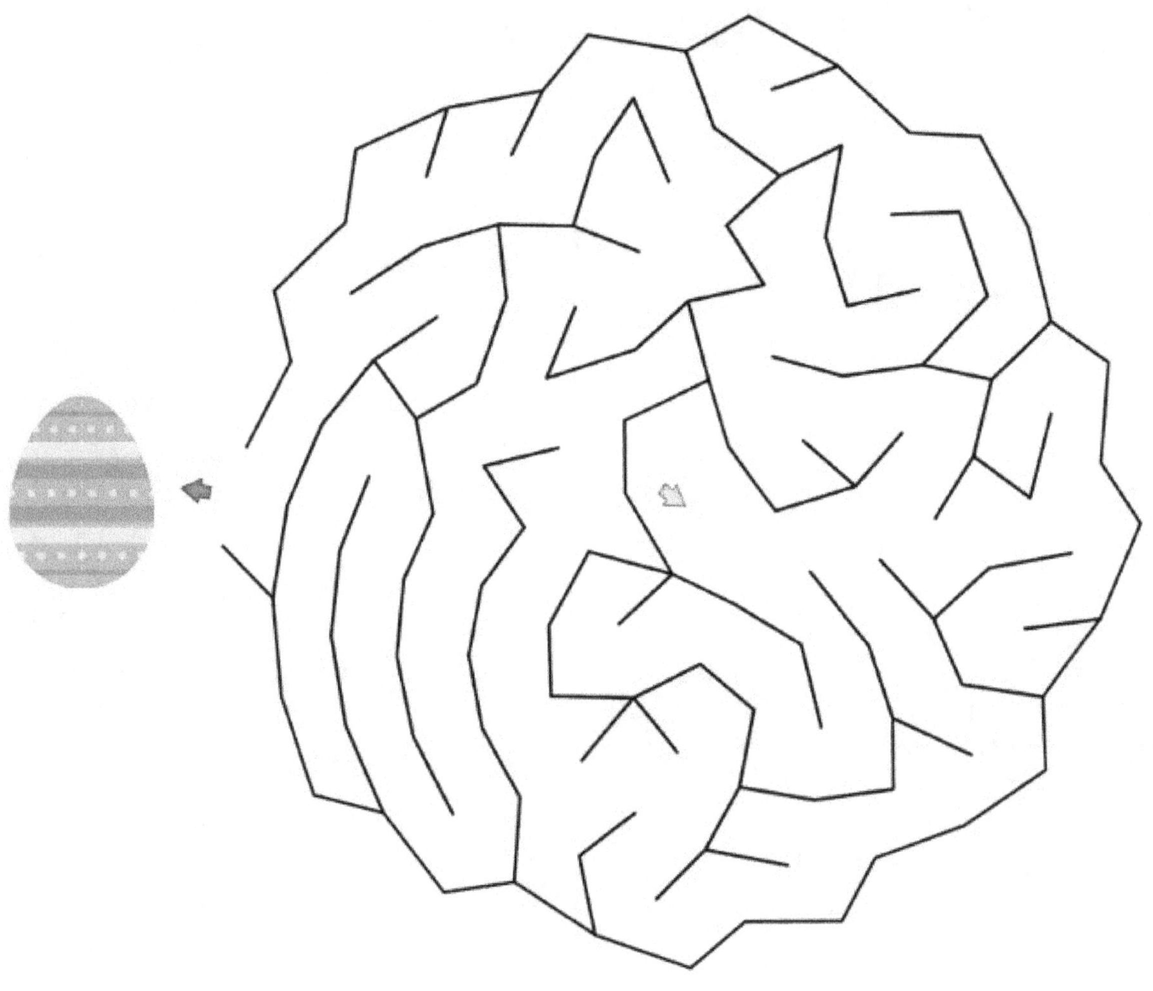

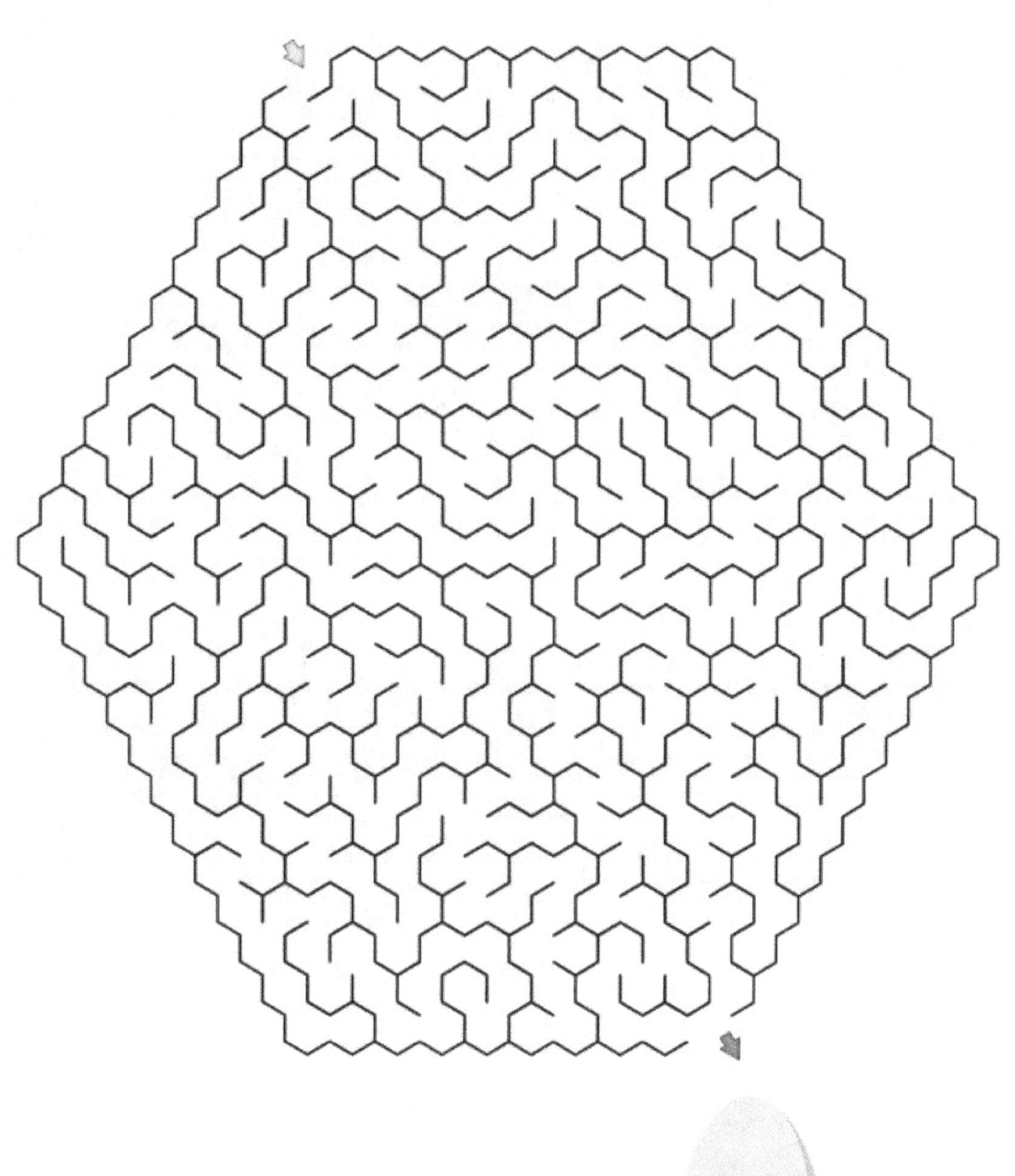

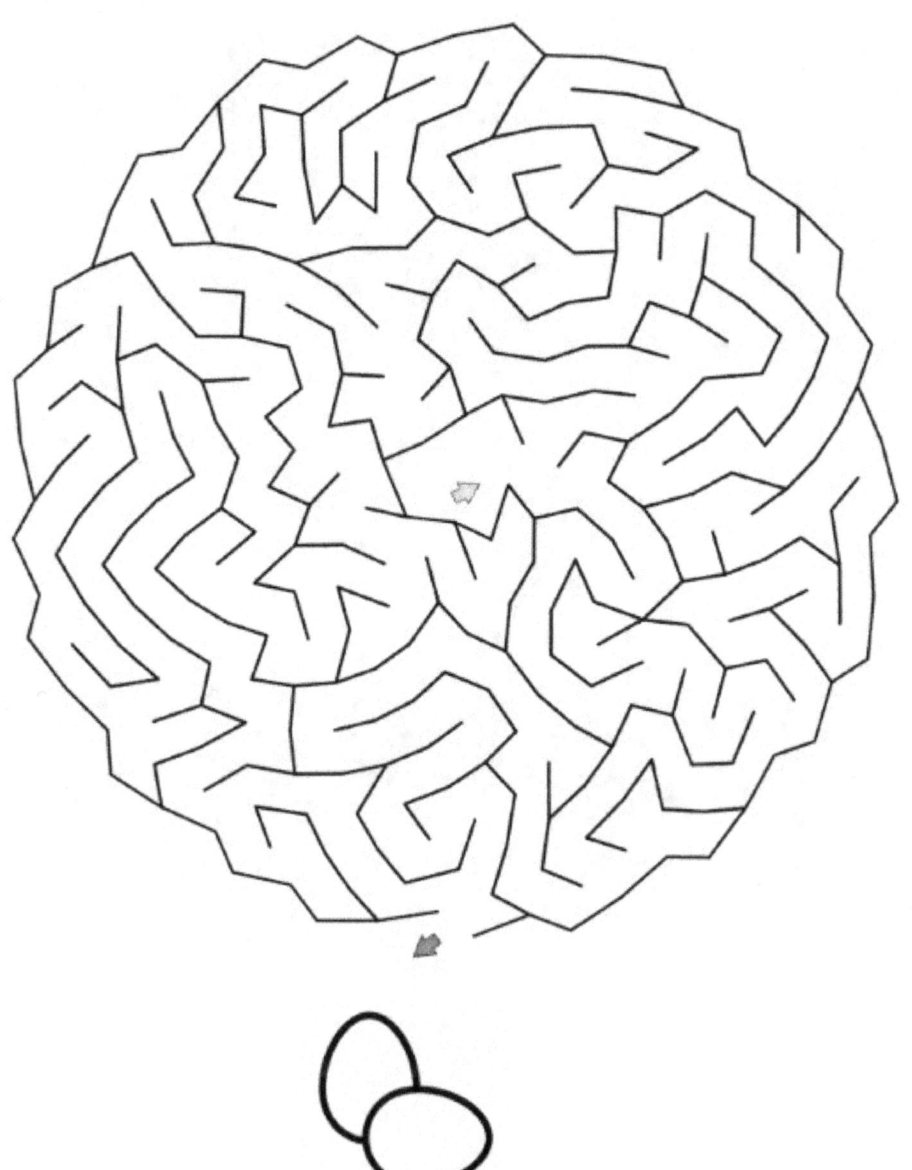

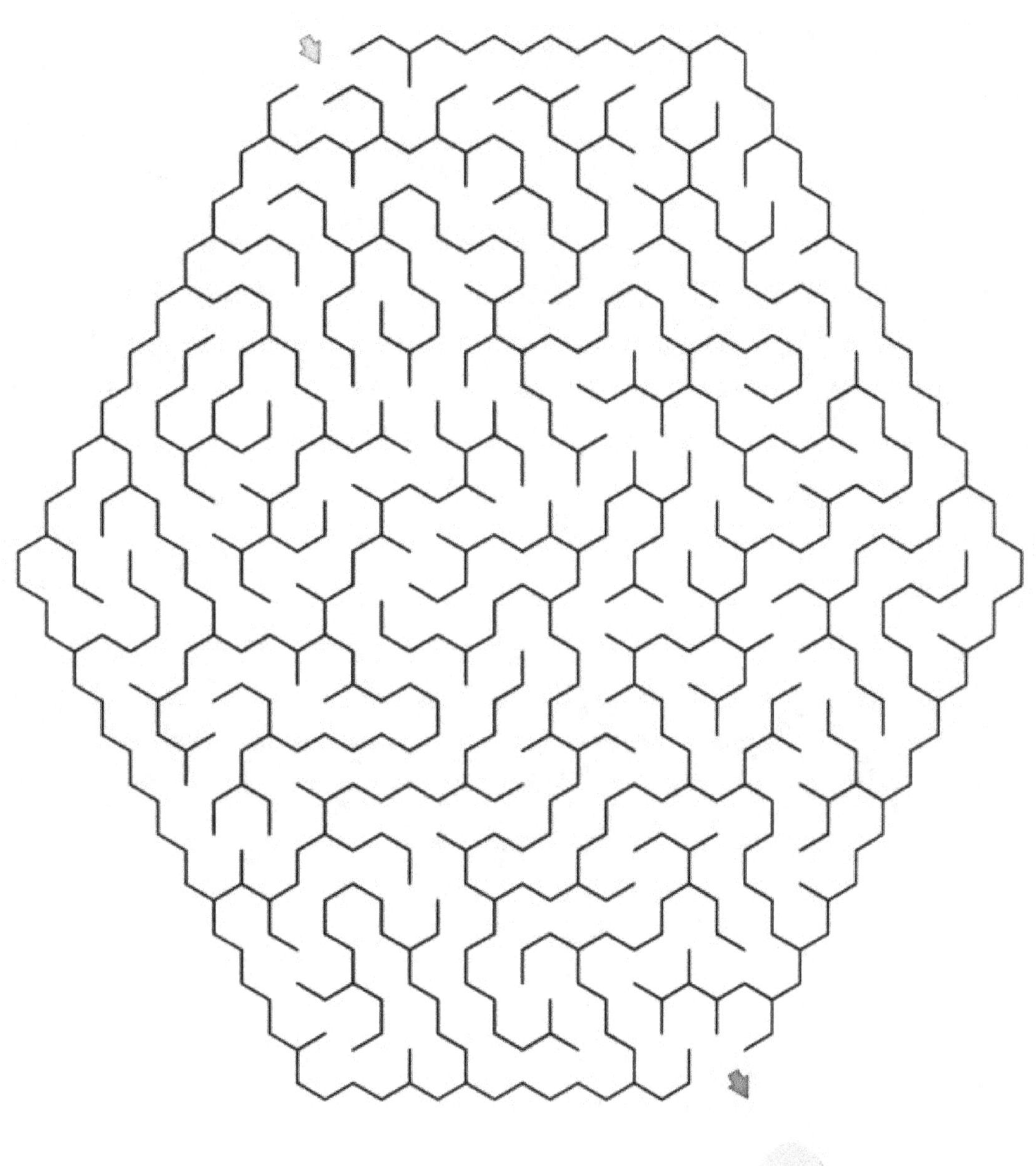

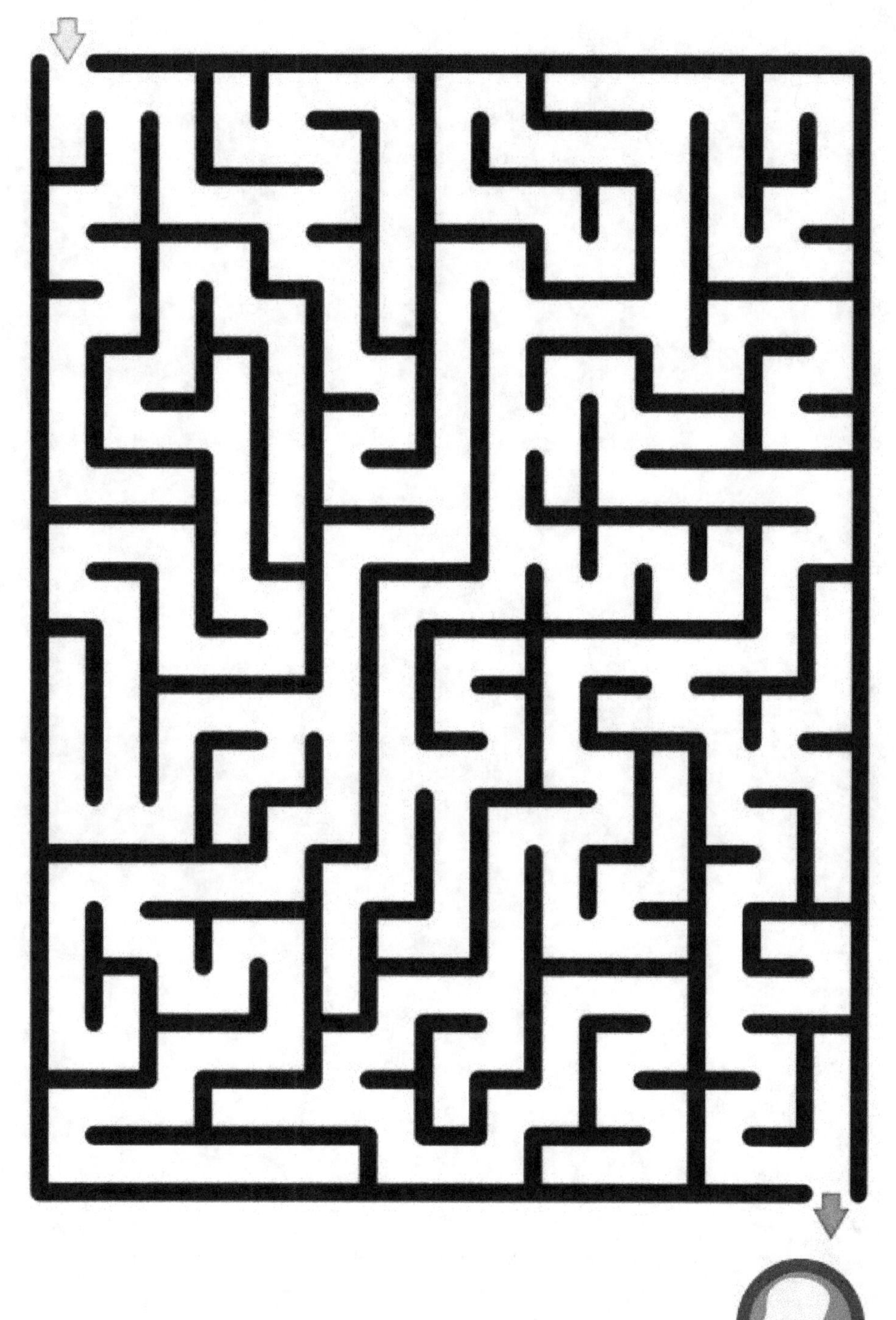

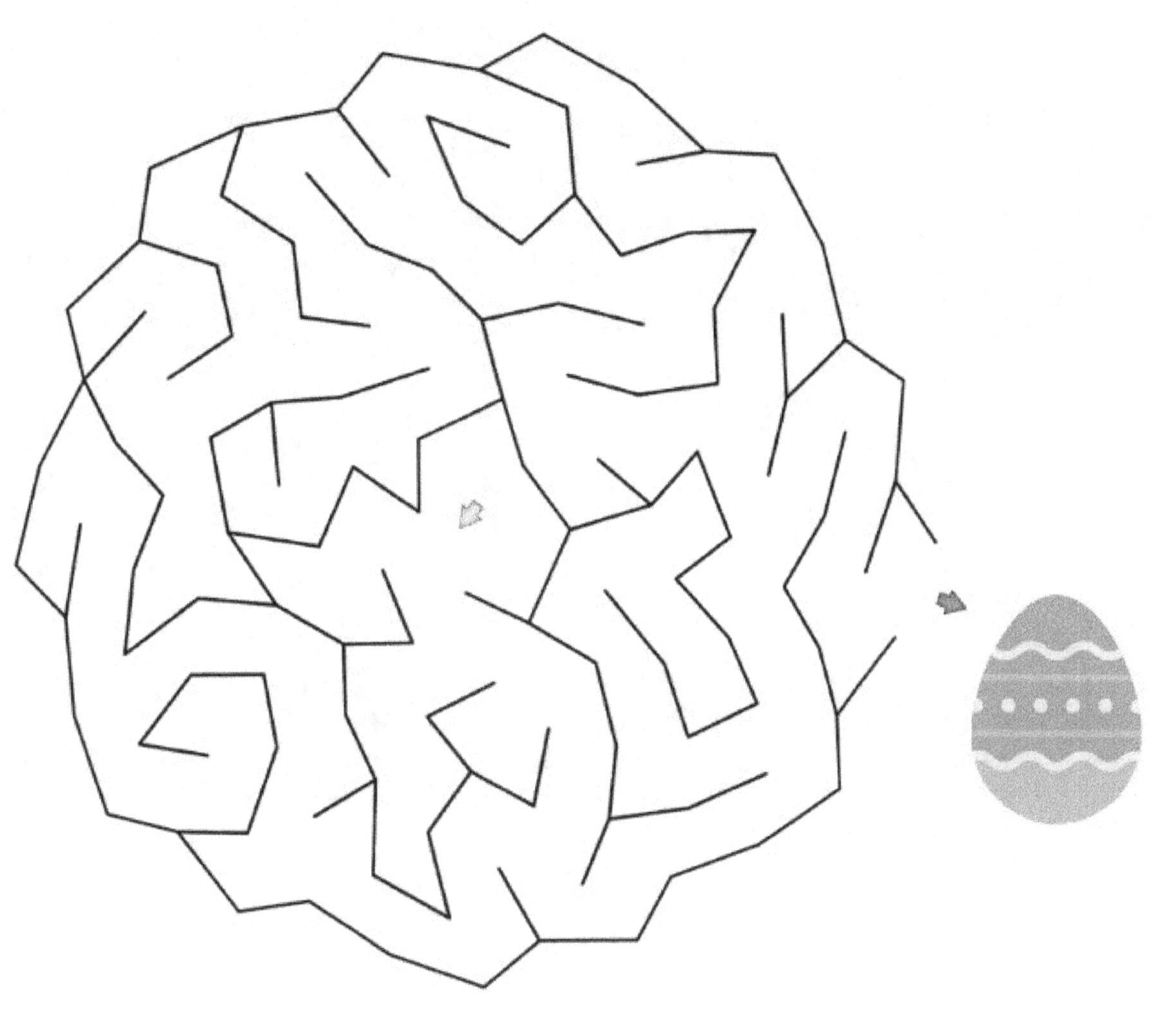

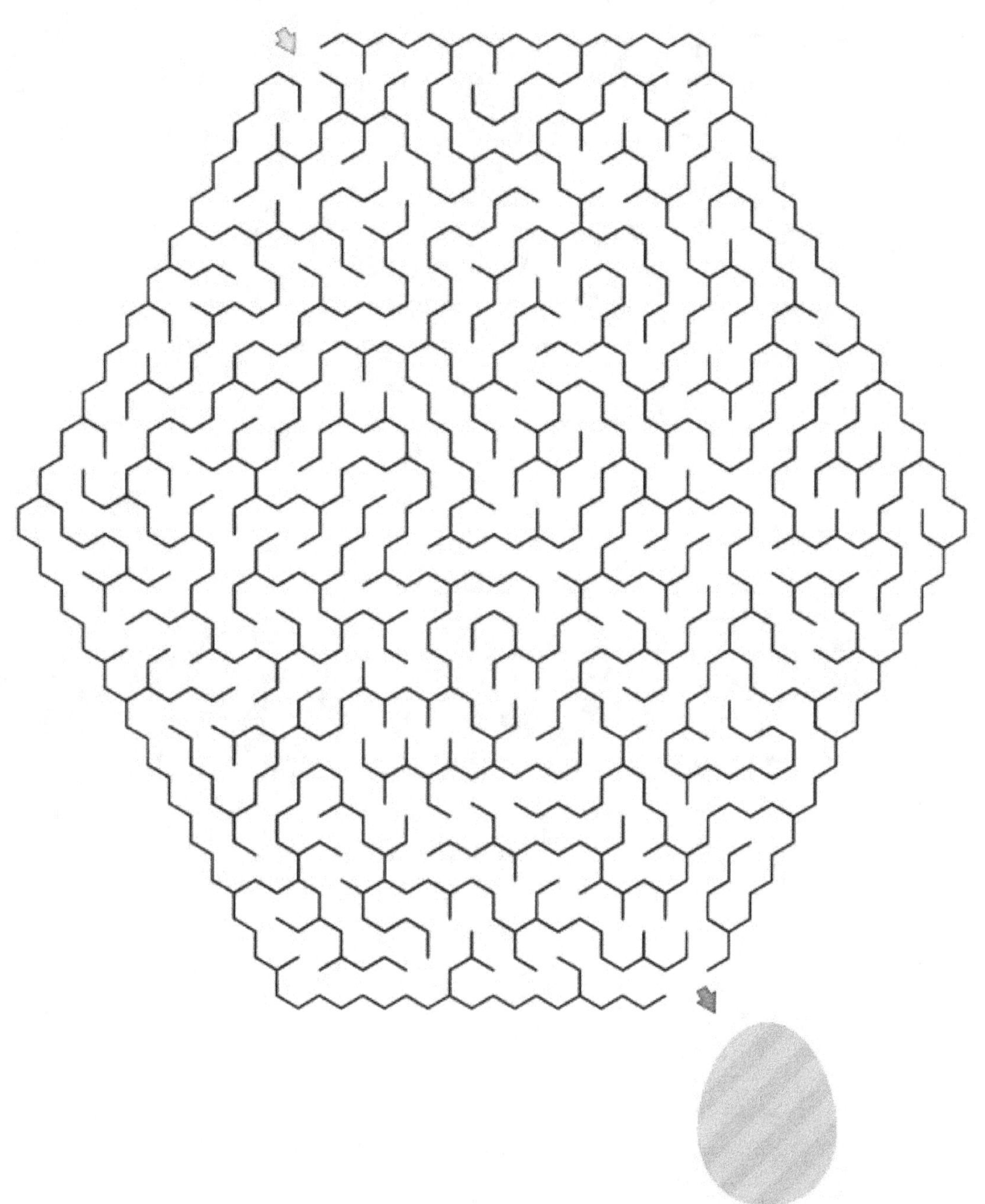

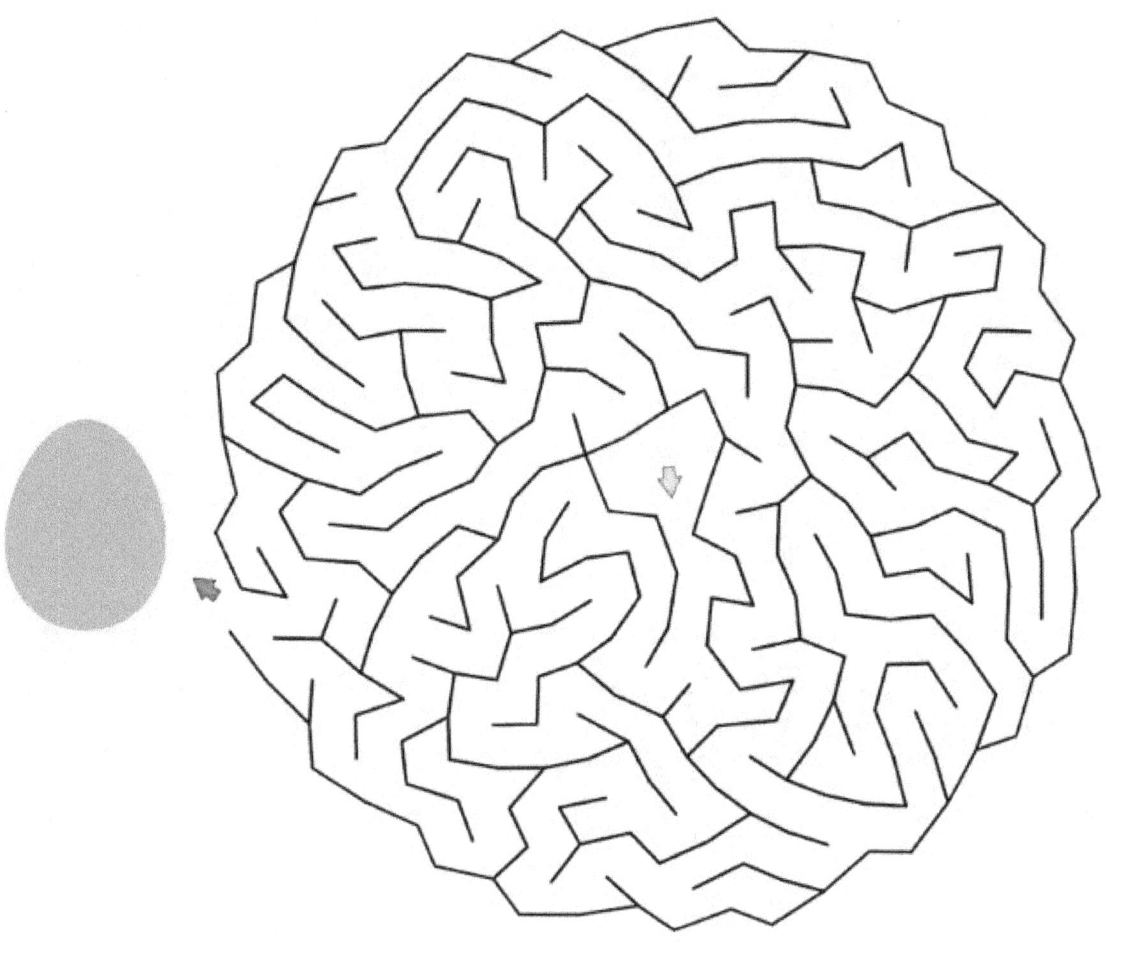